DIPS UND SAUCEN – SWEET & SALTY

CHRISTINA HEẞ

DIPS und Saucen

– SWEET & SALTY

Jan Thorbecke Verlag

VERLAGSGRUPPE PATMOS

PATMOS
ESCHBACH
GRÜNEWALD
THORBECKE
SCHWABEN
VER SACRUM

Die Verlagsgruppe
mit Sinn für das Leben

DIE AUTORIN CHRISTINA HEß aus Kassel ist „im echten Leben" Bürofee bei der Justiz. Nebenbei ist sie seit 2012 erfolgreiche Foodbloggerin aus Leidenschaft. Des Weiteren liebt sie ihre Familie und Heavy Metal Musik. Auf ihrem Blog *Christina macht was* schreibt und berichtet sie über all die Dinge, die ihr schmecken. Seit ihrer Jugend ernährt sie sich vegetarisch. Bei Thorbecke erschien von ihr bereits „Christina macht was" und „Weihnachten vegetarisch".

MIX
Papier aus verantwortungsvollen Quellen
FSC® C043106

Für die Verlagsgruppe Patmos ist Nachhaltigkeit ein wichtiger Maßstab ihres Handelns. Wir achten daher auf den Einsatz umweltschonender Ressourcen und Materialien.

3. Auflage 2020

Verlagsgruppe Patmos in der Schwabenverlag AG, Ostfildern
www.thorbecke.de

Gestaltung: Finken & Bumiller, Stuttgart
Druck: Grafisches Centrum Cuno GmbH & Co. KG, Calbe
Hergestellt in Deutschland
ISBN 978-3-7995-1254-1

INHALT

MEINE LIEBEN LESER,

herzlich willkommen in meinem nun schon dritten Buch! Vielleicht sollte ich zu Anfang erstmal erzählen, warum ich ein Dip-Buch schreiben wollte. Kurzum: Ich liebe Dips in allen Varianten. Aber damit nicht genug: Denn ich finde, in herkömmlichen Büchern über Dips gibt es zwar immer ein paar vegetarische Varianten, aber viele enthalten z.B. Speck etc., welchen ich ja nicht esse. Also war es für mich an der Zeit, selbst ein Buch zu schreiben, in dem ich meine Liebe zu Dips ausdrücke und die leckersten Rezepte rund um dieses Thema für Euch sammle. Aber nur herkömmliche Dips und Cremes in ein Buch zu packen, wäre mir zu langweilig gewesen – also gibt's hier bei mir noch eine ganz neue Kategorie: nämlich süße Nachtisch-Dips! Ich liebe sie zu Partys oder als etwas anderen Nachtisch beim Essen mit Freunden und Familie. Man muss sich daran gewöhnen, dass man knackige Kekse nun mit einer super leckeren Creme genießen darf – aber diese Sünde ist jede Kalorie wert.

Also, ob herzhaft oder süß, cremig oder fruchtig, mit viel leckerem Gemüse oder cremigem Frischkäse – ich denke, hier ist für jeden etwas dabei, und ich habe tief in die weltweite Trickkiste gegriffen, um dieses Buch so abwechslungsreich wie möglich zu gestalten. Guten Appetit, und besucht mich doch mal auf meinem Blog *www.christinamachtwas.de* für noch mehr Ideen und Rezepte.

Eure Christina

DREIERLEI GUACAMOLE

FÜR JEWEILS CA. 3-4 PORTIONEN

GRUNDREZEPT

3-4 AVOCADOS *(je nach Größe)*
1 FRÜHLINGSZWIEBEL
SAFT VON 1 LIMETTE
1 KNOBLAUCHZEHE
CA. 2 EL FRISCHER KORIANDER
1 TL GUACAMOLEGEWÜRZ ODER SALZ UND PFEFFER
½ TL PAPRIKAPULVER

AUSSERDEM

1 TOMATE

Zuerst die Avocados entkernen. Nun das Fruchtfleisch mit einem Messer einschneiden und mit einem Löffel aus der Schale lösen. Entweder alle Zutaten in einen Steinmörser geben und so lange mörsern, bis eine geschmeidige Masse entsteht (traditionell) oder alles in einen Mixer geben (modern). Die Tomate waschen, entkernen und in kleine Stücke schneiden. Unter die Guacamole heben und servieren.

VARIANTE 1

1 X GRUNDREZEPT
1 KLEINE KNOBLAUCHKNOLLE
1 EL OLIVENÖL
1 PRISE SALZ

Zuerst bei der Knoblauchknolle das obere Drittel abschneiden, damit alle Knoblauchzehen oben offen sind. Diese Knolle nun in etwas Alufolie wickeln, aber vor dem Verschluss noch mit Olivenöl beträufeln und mit Salz würzen. Folie gut verschließen und die Knolle bei 200 °C ca. 25 Minuten backen. Guacamole nach dem Grundrezept zubereiten, dabei allerdings die Knoblauchzehe gegen den gebackenen Knoblauch austauschen.

VARIANTE 2

1 X GRUNDREZEPT
1 REIFE MANGO
1 CHILISCHOTE *(Chile de Arbol)*
1 TL PAPRIKAFLOCKEN

Guacamole nach dem Grundrezept zubereiten, allerdings den Knoblauch weglassen. Mango, Tomate und Chili fein hacken und unter die fertige Masse heben. Mit Paprikaflocken bestreuen und servieren.

Dieser Dip ist besonders in Amerika sehr beliebt und darf eigentlich bei keinem Superbowl fehlen.

SPINAT-ARTISCHOCKEN-DIP (HEISS & KALT)

FÜR 4 PORTIONEN

1 DOSE ARTISCHOCKENHERZEN
500 G FRISCHER SPINAT *(oder 250 g TK-Ware)*
2 ZEHEN KNOBLAUCH
1 KLEINE ZWIEBEL
200 G SCHMAND
300 G FRISCHKÄSE NATUR
2 TL MILCH
250 GERIEBENER KÄSE *(Cheddar, Gouda o. Ä.)*
100 G FRISCH GERIEBENER PARMESAN
KNOBLAUCHSALZ UND PFEFFER NACH GESCHMACK

AUSSERDEM

1 KLEINES RUNDES BROT *(kalte Variante)*

Artischockenherzen und Spinat abwaschen und klein schneiden. Knoblauch und Zwiebel schälen und fein hacken. Alle vier Zutaten miteinander vermengen und in einer Pfanne kräftig anbraten. Nun die restlichen Zutaten in einer Schüssel vermengen und die Spinatmischung unterheben. Die Masse entweder in ein ausgehöhltes Brot geben und so servieren oder ein bisschen Käse aufheben fürs Drüberstreuen und die Masse in eine Auflaufform (20 × 20 cm) geben und glattstreichen. Den restlichen Käse auf dem Dip verteilen und ca. 20 Minuten bei 200 °C backen, bis der Käse obendrauf goldbraun ist und die Seiten blubbern. Heiß mit Brot, Chips oder rohem Gemüse servieren.

Bist Du Fan einer richtig englischen Teatime? Na dann schnell in die Küche, denn dieser Dip schmeckt herrlich nach England und Gurkensandwichs.

GEWÜRZGURKEN-DIP

FÜR 2–3 PORTIONEN

- 2–3 GROSSE SAUER EINGELEGTE ESSIGGURKEN *(etwa 120 g)*
- ETWAS FRISCHER DILL UND SCHNITTLAUCH
- 200 G SCHMAND
- 5 EL NATURJOGHURT
- 3 EL MAYONNAISE *(wie Seite 30)*
- SALZ UND PFEFFER NACH GESCHMACK
- 2 TL GURKEN-RELISH

Die Gurken und die Kräuter klein schneiden, alle anderen Zutaten mit diesen vermengen und abschmecken. Vor dem Verzehr am besten 1–2 Stunden im Kühlschrank durchziehen lassen. Dazu passen Cracker.

HAUSGEMACHTES GURKEN-RELISH

FÜR 4–5 GLÄSER À 440 ML

- 6 GROSSE LANDGURKEN
- 4 ZWIEBELN
- 4 GRÜNE PAPRIKA
- 2 ROTE PAPRIKA
- 3 EL SALZ
- 400 G ZUCKER
- 200 ML BRANTWEINESSIG
- 250 ML ALTMEISTERESSIG
- 2 EL ZITRONENSAFT
- 1 TL SELLERIESAMEN
- 2 TL SENFSAMEN
- 1 TL KURKUMA

Die Gurken, die Zwiebeln und die Paprikas fein hacken und vermengen. Die Masse in ein Abtropfsieb geben und auf eine Schüssel stellen. Abgedeckt über Nacht in den Kühlschrank stellen und durchziehen lassen. Am nächsten Tag alle Zutaten in einen Topf geben und die Masse bei geringer Hitze ca. 30 Minuten köcheln lassen. Dann einmal richtig aufkochen, noch heiß in sterile Gläser füllen und gut verschließen. Schmeckt u. a. hervorragend zu Hamburgern oder Hotdogs.

Jeder liebt Hummus, richtig? Und wieso nicht mal ein bisschen Farbe ins Spiel bringen und den Klassiker der orientalischen Küche aufpeppen?

REGEN-BOGEN-HUMMUS

FÜR CA. 6–8 PORTIONEN

- 3 DOSEN KICHERERBSEN
- SAFT VON 2 ZITRONEN
- 1 KNOBLAUCHZEHE
- SALZ UND PFEFFER NACH GESCHMACK
- 2 EL TAHINE (Sesammus)
- ½ TL KUMIN

WEITERE ZUTATEN NACH FARBE

- BEIGE: ORIGINAL
- GELB: 1 EL KURKUMA + 1 EL OLIVENÖL
- ORANGE: 100 G GEKOCHTE SÜSSKARTOFFEL
- ROT: 2 EL PAPRIKA- ODER TOMATENMARK
- PINK: 1 EL ROTE-BETE-PULVER + 1 EL OLIVENÖL
- GRÜN: 1 BUND GLATTE PETERSILIE ODER 1 EL SPINATPULVER

Für das Grundrezept alle Zutaten in einen Mixer geben und so lange vermixen, bis eine sämige Masse entstanden ist. Den Hummus nun in 6 Teile aufteilen und 5 davon mit den jeweils färbenden Zutaten vermengen und gut durchmischen (eventuell nochmal mixen). Alle 6 Varianten in Schälchen arrangieren und mit Brot, Rohkost o.Ä. servieren.

Bohnendips sind etwas ganz besonders Herzhaftes, und bei diesen beiden Varianten hier ist es wie bei Schneeweißchen und Rosenrot. Beide unglaublich gut – jeder auf seine ganz eigene Art und Weise.

WHITE BEAN CHEESE DIP

FÜR CA. 4–6 PORTIONEN

- 200 G FRISCHKÄSE NATUR
- 200 G GRIECHISCHER JOGHURT (10 % Fett)
- 2 TL GERÄUCHERTE PAPRIKA
- 1 ½ TL ZWIEBELPULVER
- 1 ½ TL KNOBLAUCHPULVER
- SALZ UND PFEFFER NACH GESCHMACK
- 1 DOSE WEISSE RIESENBOHNEN
- 200 G GERIEBENER CHEDDAR

Alle Zutaten bis auf die Bohnen und den Käse zusammen im Mixer zu einem cremigen Dip kombinieren. Nun in eine ofenfeste Form immer abwechselnd Bohnen, Dip und Käse schichten. Bei 180 °C ca. 20 Minuten backen. Dazu passt knusprig getoastetes Bauernbrot.

RED BEAN DIP

FÜR CA. 4–6 PORTIONEN

- 1 DOSE WEISSE BOHNEN MIT TOMATENSAUCE
- 1 DOSE KIDNEYBOHNEN
- 8 GETROCKNETE TOMATEN
- 2 TL TOMATENMARK
- 1 KNOBLAUCHZEHE
- 1 TL SCHARFE SAUCE NACH WAHL
- 2 TL GERÄUCHERTES PAPRIKAPULVER
- 1 TL KUMIN
- 1 TL CAYENNEPFEFFER
- 50 ML OLIVENÖL
- 3 TL WASSER
- SALZ UND PFEFFER NACH GESCHMACK

Alle Zutaten bis auf Salz und Pfeffer in einen Mixer geben und so lange mixen, bis die Masse eine cremige Konsistenz bekommt. Nun abschmecken und in eine Pfanne geben. Ca. 5 Minuten köcheln lassen und ständig umrühren. Lauwarm servieren. Schmeckt sehr gut zu Chips, Pita oder Fladenbrotstücken und rohem Gemüse wie Gurken etc. Ist auch super als Sandwich-Aufstrich oder für Burritos zu verwenden.

Lust auf ein kleines Mittagessen? Wie wäre es da mit dem beliebten Sandwich zum Dippen? Saftig und würzig und … zum Reinbeißen!

FRENCH CHAMPIGNON DIP SANDWICH

FÜR 2 PORTIONEN

1 MITTELGROSSE ZWIEBEL
1 ZEHE KNOBLAUCH
400 G CHAMPIGNONS
2 TL OLIVENÖL
300 ML GEMÜSEBRÜHE
2 TL SOJASAUCE
2 TL WORCESTERSAUCE
1 TL GETROCKNETER THYMIAN
½ TL RAUCHSALZ
½ TL PFEFFER

AUSSERDEM

30 CM BAGUETTE
2 EL SÜSSER SENF
2 TL (SAHNE-)MEERRETTICH
2 SCHEIBEN BERGKÄSE

Zuerst die Zwiebel und den Knoblauch schälen und in Scheiben bzw. Ringe schneiden. Die Champignons putzen und ebenfalls in dünne Scheiben schneiden. Champignons, Zwiebeln und Knoblauch mit Olivenöl in einer Pfanne scharf anbraten. Eventuell in zwei Ladungen anbraten. Wenn alles gebräunt ist, den Rest der Zutaten hinzufügen und so lange auf mittlerer Hitze köcheln lassen, bis sich die Flüssigkeit etwa auf die Hälfte reduziert hat (ca. 3 Minuten). Nun das Baguette halbieren und der Länge nach aufschneiden, Senf und Meerrettich hineinstreichen und Käse hineinlegen. Die Champignons in die Baguettehälften legen und die Sauce separat zum Hineindippen servieren.

Eine leckere Salsa herzustellen, kann eine Kunst sein, aber mit meinen beiden Rezepten hier seid Ihr für alle Situationen gewappnet.

RESTAURANT STYLE SALSA

FÜR CA. 6 PORTIONEN

1 GROSSE DOSE TOMATEN IM EIGENEN SAFT
3 GROSSE TOMATEN
1 KLEINE WEISSE ZWIEBEL
2 ZEHEN KNOBLAUCH
1–2 CHILIS
½ TL KUMIN
1 PRISE ZUCKER
3 EL KORIANDER
CA. 5 TL LIMETTENSAFT
SALZ NACH GESCHMACK

Die Tomaten in der Dose sowie die frischen Tomaten von ihren Strünken befreien. Bei den frischen Tomaten zusätzlich noch die Kerne etc. entfernen. Die Zwiebel und den Knoblauch schälen und die Chilis von Strunk und – wenn gewünscht – von den Kernen befreien. Alle Zutaten in einen Mixer geben und so lange pürieren, bis die gewünschte Konsistenz erreicht ist. Nochmals abschmecken und servieren. Diese Salsa am besten schon einen Tag vorher zubereiten und im Kühlschrank aufbewahren, damit sie durchziehen kann. Hierzu passen Nachos!

SALSA VERDE

FÜR CA. 6 PORTIONEN

1 GRÜNE CHILISCHOTE
1 MITTELGROSSE ZWIEBEL
1 KNOBLAUCHZEHE
1 GROSSE DOSE TOMATILLOS *(ca. 250 g)*
3 EL KORIANDER
½ TL ZUCKER
SAFT VON 1 LIMETTE
SALZ NACH GESCHMACK

Die Chilischote waschen und putzen. Die Zwiebel und den Knoblauch schälen. Die Zwiebel vierteln. Alle Zutaten in einen Mixer gegen und so lange mixen, bis eine stückige Salsa entsteht. Abschmecken und mit Tortillachips servieren.

TIPP: DIE SCHÄRFE KANN DURCH DIE ANZAHL DER KERNE IN DEN CHILIS BEEINFLUSST WERDEN.

Ihr habt euch schon immer gefragt, wie man wohl diese unglaublich leckeren Dipsaucen aus dem Gran-Canaria-Urlaub macht? Bitteschön, das Rätseln hat ein Ende.

MOJO VERDE

FÜR CA. 250 ML SAUCE

- 5–6 GRÜNE SPITZPAPRIKAS (ODER BRATPAPRIKA)
- 6 KNOBLAUCHZEHEN
- ½ TL GEMAHLENER KÜMMEL
- 2 TL SALZ
- 1 SCHEIBE TOASTBROT
- 100 G PARMESAN
- 1 HANDVOLL KORIANDER
- 1 HANDVOLL GLATTE PETERSILIE
- 75 ML OLIVENÖL EXTRA VERGINE + ETWAS ZUM BEDECKEN
- 25 ML ROTWEINESSIG

Die Paprikas waschen und entkernen. Den Knoblauch schälen und alle Zutaten in einen Mixer geben. Alles so lange mixen, bis eine homogene Sauce entstanden ist. Wenn sie zu flüssig ist, noch etwas Toastbrot hinzugeben und alles erneut mixen. Die Mojo in ein Schraubglas füllen und mit etwas Olivenöl bedecken. Sie muss mindestens einen Tag durchziehen. Mit Olivenöl bedeckt im Kühlschrank aufbewahren.

MOJO ROJO

FÜR CA. 250 ML SAUCE

- 3–4 GROSSE ROTE SPITZPAPRIKA
- 6 KNOBLAUCHZEHEN
- 1 TL PAPRIKAPULVER *(süß oder scharf)*
- 1 TL GERÄUCHERTES PAPRIKAPULVER
- 1 TL GEMAHLENER KÜMMEL
- 75 ML OLIVENÖL EXTRA VERGINE + ETWAS ZUM BEDECKEN
- 25 ML ROTWEINESSIG
- 2 TL MEERSALZ
- 1 SCHEIBE TOASTBROT
- 100 G PARMESAN
- 1 STÜCK FRISCHE CHILISCHOTE NACH GESCHMACK

Die Paprikas waschen und entkernen. Die Knoblauchzehen schälen und alle Zutaten so lange mixen, bis eine homogene Sauce entstanden ist. Wenn sie zu flüssig ist, noch etwas Toastbrot hinzugeben und alles erneut mixen. Die Mojo in ein Schraubglas füllen und mit etwas Olivenöl bedecken. Sie muss mindestens einen Tag durchziehen. Mit Olivenöl bedeckt im Kühlschrank aufbewahren.

Ein bisschen exotischer wird es auf dieser Seite. Fruchtig und würzig oder eher cremig und herzhaft - was darf es sein? Beides passt ideal zu z.B. Frühlingsrollen.

ANANAS-SWEET/ SOUR-DIP

FÜR CA. 300 ML DIP

- 6 ZWEIGE KORIANDER
- 250 ML ANANASDIREKTSAFT
- 50 G ZUCKER
- 30 G FEIN GEHACKTE JALAPEÑO
- 1 KNOBLAUCHZEHE
- 1 EL ESSIG
- 1 ½ TL SALZ
- 1 TL ROTE CURRYPASTE
- 2–3 GEHÄUFTE TL SPEISESTÄRKE

Zuerst den Koriander fein hacken. Alle Zutaten (bis auf die Speisestärke) in einen Topf geben, durchrühren und aufkochen lassen. Nun die Speisestärke mit etwas Wasser verrühren und zur Sauce geben. Ca. 5 Minuten köcheln lassen, bis die Masse eingedickt ist. Abkühlen lassen oder lauwarm zu z. B. Frühlingsrollen servieren.

ERDNUSS-THAI-DIP

FÜR CA. 500 ML DIP

- 1 DOSE KOKOSNUSSMILCH
- 2 TL ROTE CURRYPASTE
- 1 EL ERDNUSSBUTTER ODER ERDNUSSMUS
- 3 TL SOJASAUCE
- 1 EL ZUCKER ODER HONIG
- 2 EL REISESSIG
- 1 TL SESAMÖL
- 3 GEHÄUFTE TL SPEISESTÄRKE
- 1 CHILISCHOTE IN STÜCKEN *(optional)*

Alle Zutaten in einem Topf vermengen und aufkochen, bis die Masse eindickt. Am besten lauwarm servieren. Passt hervorragend zu Frühlingsrollen oder z.B. paniertem Gemüse. Mit den Resten kann man sehr leckere Gerichte aus Reis und gebratenem Gemüse machen.

MHHM

Würzige Paprika oder lieber cremige Avocado? Beide Dips sind der Knaller bei jeder Grillparty.

MAGISCHER 5-MINUTEN-DIP

FÜR CA. 4 PORTIONEN

- 25–50 G PISTAZIEN
- 1 REIFE AVOCADO
- JEWEILS 1 BUND PETERSILIE, KORIANDER UND DILL
- 1 FRISCHE JALAPEÑO
- 2 KNOBLAUCHZEHEN
- SAFT VON 1 LIMETTE
- 50 ML OLIVENÖL EXTRA VERGINE
- SALZ UND PFEFFER NACH GESCHMACK

Alle Zutaten in einen Mixer geben (dabei die Pistazien auf jeden Fall als Erstes hineingeben, damit sie unten liegen). So lange mixen, bis eine cremige Masse entsteht. Kann als Dip, Sauce oder Dressing verwendet werden.

HAUSGEMACHTES AJVAR

FÜR CA. 700 ML

- 500 G ROTE PAPRIKA
- 500 G ROTE SPITZPAPRIKA
- 1 MITTELGROSSE AUBERGINE
- 4 KNOBLAUCHZEHEN
- 1–2 CHILISCHOTEN
- 120 ML OLIVENÖL EXTRA VERGINE
- 60 ML APFELESSIG
- 60 ML WASSER
- 1 TL SALZ
- 1 TL PFEFFER
- 1 TL SCHARFES PAPRIKAPULVER

Paprikas waschen, entkernen und in Würfel schneiden. Aubergine ebenfalls würfeln. Knoblauchzehen pellen, Chilis entkernen und beides grob hacken. Alle Zutaten in einen Topf geben und gut durchmischen. Auf dem Herd bei mittlerer Hitze aufkochen und etwa 10 Minuten lang leicht schmoren lassen. Die Masse pürieren und in eine große Auflaufform geben. Backofen auf 180 °C vorheizen. Das Püree nun ca. 1 ½ Stunden schmoren lassen und bei Gelegenheit immer wieder umrühren. Hat das Ajvar die gewünschte Konsistenz (dickflüssig), kann es vorsichtig abgeschmeckt werden und danach heiß in sterile Gläser gefüllt werden. Gut verschließen. Schmeckt vor allem zu Gegrilltem oder Brot hervorragend.

Rednecks, umgangssprachlich die Arbeiterklasse im Süden der USA, haben ihre eigenen Regeln und ihre eigenen hervorragenden Dips. Ran an die Schüsseln – das gilt es nicht zu verpassen beim nächsten BBQ.

REDNECK CAVIAR

FÜR 6–8 PORTIONEN

400 G GEKOCHTE BOHNEN *(z. B. eine Mischung aus Black Eye Peas, Schwarzen Bohnen und Kidneybohnen)*
1 KLEINE DOSE MAIS
1 KLEINE DOSE TOMATEN
1 KLEINE ROTE PAPRIKA
1 KLEINE GRÜNE PAPRIKA
1 ROTE ZWIEBEL
½ BUND KORIANDER

DRESSING

50 ML WEISSWEINESSIG
50 ML SONNENBLUMENÖL
½ TL BRAUNER ZUCKER
½ TL KNOBLAUCHPULVER
½ TL GETROCKNETER OREGANO
¼ TL GETROCKNETER THYMIAN
1 SPRITZER ZITRONENSAFT
1 TL SALZ
FRISCHER PFEFFER NACH GESCHMACK

Die Bohnen und den Mais abschütten. Die Tomaten klein hacken und mit den Bohnen und dem Mais in eine große Schüssel geben. Die Paprikas waschen, entkernen und in feine Würfel schneiden. Die Zwiebel schälen und mit dem Koriander zusammen fein hacken. Alle Zutaten für das Dressing in ein Schraubglas geben und kräftig schütteln. Das Dressing zum Gemüse geben und alles kräftig durchmischen. Mindestens 12 Stunden im Kühlschrank ziehen lassen. Schmeckt hervorragend als Salsaersatz zu Tortillachips oder geröstetem Brot.

Diese beiden Dips sind ein absolutes Muss in meiner Küche und so schnell gemacht! Und ganz nebenbei schmecken sie um Welten besser als der gekaufte Kram.

HAUSGEMACHTE MAYONNAISE

FÜR CA. 100 ML

- 3 EIGELB
- 1 TL MITTELSCHARFER SENF
- 1 TL SALZ
- CA. 75 ML SONNENBLUMENÖL
- 1 KNOBLAUCHZEHE *(optional)*

Zuerst die Eigelbe mit dem Senf und dem Salz in ein hohes Gefäß (Messbecher) geben. Diese Zutaten nun mit einem Pürierstab so lange aufschäumen, bis sie anfangen, heller zu werden. Dann in dünnem Strahl das Öl hinzugeben (die Menge des Öls kann nach Größe der Eigelbe variieren), bis die Masse fest emulgiert ist. Wenn gewünscht, nun die geschälte Knoblauchzehe hinzugeben und gut durchmixen. Hält sich etwa 3 Tage im Kühlschrank.

Wenn es beim ersten Versuch nicht funktioniert und die Masse nicht fest wird - nicht verzagen. Nochmals 3 Eigelbe (+ Senf und Salz) in ein frisches hohes Gefäß geben und am Anfang doppelt so lange wie beim ersten Mal aufschäumen. Danach die Ei-Öl-Masse vom ersten Mal hineinträufeln lassen und weitermixen, bis die Masse emulgiert.

WEISSE SPANISCHE AIOLI

FÜR 200 ML

- 200 ML SONNENBLUMENÖL
- 100 ML VOLLMILCH
- 1 TL SALZ
- 1 KLEINE KNOBLAUCHZEHE

Alle Zutaten müssen Raumtemperatur haben! Alle Zutaten in ein hohes Gefäß (Messbecher) geben und mit einem Pürierstab von unten nach oben pürieren. Die Masse sollte sehr schnell emulgieren. Diese Aioli hält sich länger als die Mayonnaise mit Frischei und kann auch als Grundlage der folgenden Rezepte genommen werden. Funktioniert auch mit Oliven-, aber nicht mit Rapsöl!

Nettogewicht: 500 g
HASSEL

Jalapeños sind meine Lieblingschilis, und sie schmecken einfach hervorragend zu allem. Und ganz nebenbei gibt's hier die beliebten gefüllten Jalapeños auch noch als Dip-Version. Was will man mehr?

CREMIGER JALAPEÑO-DIP

FÜR CA. 4 PORTIONEN

- 1 FRISCHE JALAPEÑO
- 3–4 SCHEIBEN EINGELEGTE JALAPEÑO
- ½ BUND KORIANDER
- 1 KNOBLAUCHZEHE
- SALZ UND PFEFFER NACH GESCHMACK
- 100 G MAYONNAISE *(Rezept Seite 30)*
- 100 ML RAHMJOGHURT NATUR *(10 % Fett)*
- 200 G SCHMAND

Jalapeño waschen und putzen; für eine mildere Variante evtl. die Kerne entfernen. Alle Zutaten (bis auf die Mayonnaise, den Joghurt und den Schmand) in einen Mixer geben und gut durchpürieren, bis keine Stückchen mehr darin sind. Danach die Mayonnaise, den Joghurt und den Schmand unter die Masse heben. Am besten über Nacht im Kühlschrank durchziehen lassen. Passt hervorragend zu Chips, Pizzastangen oder als Salatdressing.

JALAPEÑO-POPPER-DIP

FÜR CA. 4 PORTIONEN

- 4 FRISCHE JALAPEÑOS
- 200 G CHEDDAR
- 100 G FRISCHER PARMESAN
- 250 G FRISCHKÄSE NATUR
- 200 G SCHMAND
- 2 EL MILCH
- SALZ UND PFEFFER NACH BEDARF
- 3 TL SEMMELBRÖSEL
- 2 TL ITALIENISCHE KRÄUTER
- 1 TL GEHACKTE PETERSILIE

Ofen auf 180 °C vorheizen. Zuerst die Jalapeños (ohne Kerne) fein hacken, den Käse reiben. Nun den Frischkäse und den Schmand mit den Jalapeños, drei Vierteln des Parmesans, dem Cheddar und der Milch vermengen und mit Salz und Pfeffer abschmecken. Den Dip in eine passende Auflaufform geben und glattstreichen. Semmelbrösel mit den Kräutern und dem restlichen Parmesan vermengen und auf dem Dip verteilen. Den Dip nun ca. 20 Minuten backen (eventuell mit Grillfunktion), bis der Käse geschmolzen ist und die Semmelbrösel anfangen zu bräunen. Noch heiß mit knusprigem Brot servieren.

Wer kennt ihn nicht – den Käse-Dip im Kino. Viele lieben ihn, und nun gibt's ihn endlich auch für den heimischen Filmabend. Und das sogar noch viel leckerer.

SLOWCOOKER-KÄSE-DIP

(BESSER ALS IM KINO)

FÜR CA. 4–6 PORTIONEN:

- 3–4 PFEFFERONEN
- 2 EL EINGELEGTE JALAPEÑOS
- 100 G SCHMAND
- 3 EL SAHNE
- 2 PK. SCHMELZKÄSESCHEIBEN *(z. B. Chester oder Toast)*
- 200 G SCHMELZKÄSE GOUDA
- ½ KLEINE DOSE TOMATENSTÜCKE

Die Pfefferonen und die Jalapeños fein hacken. Alle Zutaten in den Slowcooker geben und für mindestens 2 Stunden auf Stufe 2 erwärmen. Immer mal wieder durchrühren. Danach kann er bis zu 6 Stunden bei Stufe 1 oder „Warmhalten" warm gehalten werden, ohne dass er gerinnt. Kann auch nach dem Erkalten wieder erhitzt werden; allerdings ist das die absolute Minimum-Menge für einen 3,5 l Slowcooker. Alle Mengen darunter können schnell verbrennen. Wenn der Dip erkaltet, bekommt er eine Haut, die sich beim Erwärmen wieder verflüssigt. Geht auch im Topf; dort kann er allerdings leicht anbrennen. Eine besser geeignete Alternative neben dem Slowcooker wäre ein Fonduetopf über Feuer.

PROD.NO.
SCENE
9
TAKE
#1
ROLL
DATE 2017
SOUND
PROD.CO. C.H.
DIRECTOR Christina macht
CAMERAMAN C.H.

Geschmolzener Käse - das sorgt nicht nur bei mir für wohlig-warme Schauer. Würzig, cremig und einfach nur zum Reinlegen ...

GEBACKENER ZIEGENKÄSE-DIP

FÜR CA. 4 PORTIONEN

- 1 TL OLIVENÖL
- 1 KNOBLAUCHZEHE
- 250 G RICOTTA
- 250 G ZIEGENFRISCHKÄSE
- 200 G FETA
- SAFT VON ½ ZITRONE
- 1 HANDVOLL BASILIKUM
- CA. 100 G GELBE UND ROTE CHERRYTOMATEN
- SALZ UND PFEFFER NACH GESCHMACK

Ofen auf 180 °C vorheizen. Eine flache Tarteform mit etwas Olivenöl einstreichen. Nun den Knoblauch schälen und fein hacken. Alle Zutaten (bis auf die Cherrytomaten) vermengen, abschmecken und die Masse in die Tarteform geben und glattstreichen. Die Tomaten einzeln darauf verteilen. Nun ca. 30-40 Minuten backen, bis der Käse anfängt etwas zu bräunen. Vorsicht: Verbrennungsgefahr durch die heißen Tomaten - Dip daher erstmal ein wenig abkühlen lassen.

HEISSER 5-KÄSE-DIP

FÜR CA. 4 PORTIONEN

- 300 G FRISCHKÄSE NATUR
- 200 G SCHMAND
- 100 G SEHR REIFER CAMEMBERT
- 100 G CHEDDAR
- 100 G EMMENTALER
- 1 BÜFFELMOZZARELLA
- 1 KNOBLAUCHZEHE
- 2 TL SCHNITTLAUCHRÖLLCHEN
- 2 TL GLATTE PETERSILIE
- SALZ UND PFEFFER NACH GESCHMACK

Zuerst den Frischkäse mit dem Schmand und den Camembert vermengen, bis eine glatte Masse entsteht. Danach die restlichen Zutaten klein schneiden oder raspeln, alles vermischen und abschmecken. Die Masse in eine passende Auflaufform geben und bei 180 °C ca. 20 Minuten backen. Dazu passen geröstetes Brot oder Chips.

Schon mal Hauptgerichte in Dip-Form probiert? Nein? Na dann wird es aber Zeit!

BAKED POTATO DIP

FÜR CA. 4 PORTIONEN

200 G MEHLIG KOCHENDE KARTOFFELN
125 G (½ PK.) FESTER RÄUCHERTOFU
2 EL SOJASAUCE
300 G FRISCHKÄSE NATUR
100 G SCHMAND
200 G GERIEBENER CHEDDAR
4 EL SCHNITTLAUCHRÖLLCHEN
2–4 TL CHILISAUCE NACH WAHL
SALZ UND PFEFFER NACH GESCHMACK

AUSSERDEM

CA. 1 EL SCHNITTLAUCH
ETWAS VOM TOFU ALS DEKO

Zuerst die Kartoffeln gar kochen, schälen und klein schneiden. Den Räuchertofu ebenfalls klein schneiden und mit der Sojasauce zusammen in einer Pfanne kräftig anbraten. Nun alle Zutaten vermengen und mit etwas Schnittlauch und gebratenem Tofu dekorieren. Wenn der Dip zu fest wird, mit etwas Milch geschmeidiger machen. Servieren mit: Pommes, Waffle Fries oder geröstetem Brot.

VEGGIE REUBEN DIP

FÜR CA. 4 PORTIONEN

125 G (½ PK.) FESTER RÄUCHERTOFU
2 EL SOJASAUCE
300 G SAUERKRAUT
300 G FRISCHKÄSE NATUR
100 G SCHMAND
200 G GERIEBENER EDAMER
1 EL MITTELSCHARFER SENF
1 EL SCHARFER SENF
SALZ UND PFEFFER NACH GESCHMACK

Zuerst den Räuchertofu klein schneiden und zusammen mit der Sojasauce scharf anbraten. 200 g des Sauerkrauts in einer anderen Pfanne kräftig anbraten. Dann alle Zutaten vermengen und den Dip abschmecken. Kalt servieren oder bei 180 °C 15 Minuten backen und dann servieren. Schmeckt hervorragend zu geröstetem Brot oder auf einem Sandwich.

Ein bisschen ausgefallener gefällig? Kein Problem. Mit diesen beiden Dips sind euch die leeren Schüsseln garantiert.

UMEBOSHI-DIP

FÜR CA. 4 PORTIONEN

- 200 G SCHMAND
- 100 G SKYR ODER MAGERQUARK
- 2 EL BUTTERMILCH
- 3 UMEBOSHI-PFLAUMEN
- JEWEILS 2 EL FRISCHE PETERSILIE UND SCHNITTLAUCH
- 1 KLEINE GRÜNE PAPRIKA
- 1 TL HELLE MISO-PASTE
- FRISCHER PFEFFER NACH BEDARF

AUSSERDEM

- 2 EL GERÖSTETER SESAM *(optional)*
- ETWAS PAPRIKA UND 1 UMEBOSHI-PFLAUME ZUR GARNITUR *(optional)*

Zuerst Schmand, Skyr bzw. Magerquark und Buttermilch vermengen. Umeboshi vom Kern befreien und zusammen mit der Petersilie und dem Schnittlauch fein hacken. Paprika waschen, entkernen und ebenfalls klein hacken. Alle Zutaten vermengen und mit reichlich frischem Pfeffer aus der Mühle abschmecken. Eventuell mit Sesam, etwas Paprika und einer Umeboshi garnieren.

WHIPPED FETA

FÜR CA. 4 PORTIONEN

- 200 G FETA AUS ZIEGEN- UND SCHAFSMILCH
- 100 G VOLLFETT-FRISCHKÄSE NATUR
- 1 TL SRIRACHA-SAUCE

Den Feta, den Frischkäse und etwas Srirachasauce (oder eine andere scharfe Sauce, die nicht so flüssig ist) in einen guten Mixer geben und alles so lange durchmixen, bis eine Creme ohne Stückchen entstanden ist. Gebt diese Creme dann in die Schüssel der Küchenmaschine und schlagt sie wie Sahne ca. 3–4 Minuten auf Stufe 10 auf. Bei einem Handrührgerät kann es länger dauern, bis die schöne Konsistenz erreicht ist. Diese richtig fluffige Creme kann nun für alles Mögliche weiterverwendet werden. Im Kühlschrank aufbewahren; sie wird dort fester.

Typisch amerikanisch – einfach selbst gemacht und um Längen besser als in jedem Restaurant.

MEERRETTICH-AIOLI MIT GENIALEN ONION RINGS

FÜR CA. 2–3 PORTIONEN

ZWIEBELRINGE

- SONNENBLUMENÖL ZUM FRITTIEREN
- 1 GROSSE WEISSE (GEMÜSE-)ZWIEBEL
- 200 ML BUTTERMILCH
- 200 G STÄRKE
- SALZ UND PFEFFER NACH GESCHMACK
- 2 EIER
- 1 TL TABASCO
- CA. 200–300 G PANIERMEHL

AIOLI

- 100 ML VOLLMILCH *(Zimmertemperatur)*
- 200 ML SONNENBLUMENÖL
- 1 TL SALZ
- 1 KNOBLAUCHZEHE
- 1 TL SAHNEMEERRETTICH
- 1 TL SCHARFER MEERRETTICH
- SAFT VON ½ ZITRONE
- PFEFFER NACH GESCHMACK

Öl zum Frittieren in einen hohen Topf geben und erwärmen. Die Zwiebel schälen und in ca. 1 cm dicke Ringe schneiden. Buttermilch in eine Schüssel geben und die Zwiebel in einzelnen Ringen dort hineinlegen. Stärke, Salz und Pfeffer auf einem großen Teller vermengen. Eier in einen tiefen Teller geben und mit Tabasco vermengen. Außerdem noch das Paniermehl in einen Teller geben. Sobald das Öl heiß ist (einfach einen Holzlöffel nehmen und mit dem Stiel in das Öl halten. Bilden sich Blasen, ist das Öl heiß genug zum Frittieren), die Zwiebeln aus der Buttermilch nehmen, in der Stärke wälzen, in die Eiermischung geben und danach im Paniermehl panieren. Nach und nach goldbraun frittieren. Auf einem Papiertuch abtropfen lassen. Klappt auch mit eingelegten Gurken. Für die Aioli einfach die Milch, das Öl, das Salz und die Knoblauchzehe in einen Messbecher geben und so lange mit einem Pürierstab pürieren, bis eine dickliche Masse entsteht. Meerrettich, Zitronensaft und Pfeffer hinzufügen und nochmals durchpürieren.

Ihr könnt von Knoblauch auch nicht genug kriegen? Na dann ist das die Seite für euch. Denn psst … hier kommt mein geheimes Rezept für den besten Tzatziki aller Zeiten.

CHRISTINAS TZATZIKI

FÜR CA. 4–6 PORTIONEN

- 500 G MAGERQUARK
- 200 G SCHMAND
- 5 EL GRIECHISCHER JOGHURT
- 2–3 KNOBLAUCHZEHEN
- 1 (SALAT-)GURKE
- SALZ UND PFEFFER NACH GESCHMACK
- 1 EL FRISCHER DILL

Quark, Schmand und Joghurt vermengen. Knoblauch durch die Presse drücken und zu den Milchprodukten geben. Gurke waschen und grob raspeln. Etwas salzen und in einem Abtropfsieb etwa 5 Minuten entwässern lassen. Danach Gurke leicht ausdrücken und mit den restlichen Zutaten vermengen. Mit Salz, Pfeffer und gehacktem Dill abschmecken und einige Stunden im Kühlschrank durchziehen lassen. Hält sich locker 3 Tage im Kühlschrank und wird immer besser.

GEBACKENER KNOBLAUCH-DIP

FÜR CA. 4–5 PORTIONEN

- 1 KLEINE KNOLLE KNOBLAUCH
- 1 TL OLIVENÖL
- 1 FRÜHLINGSZWIEBEL
- 300 G FRISCHKÄSE NATUR
- 200 G SCHMAND
- 4 EL NATURJOGHURT
- 3 EL MAYONNAISE (Rezept Seite 30)
- 2 EL ZITRONENSAFT
- 1 TL PAPRIKAFLOCKEN
- 1 EL GRÜNER TABASCO
- SALZ UND PFEFFER NACH GESCHMACK

Zuerst die Knoblauchknolle schälen, aber ganz lassen. Nun das obere Viertel der Knolle abschneiden, damit alle Zehen nach oben hin offen sind. Die Knolle mit Olivenöl beträufeln und in Alufolie einpacken. Die Knolle muss nun ca. 25 Minuten bei 200 °C im Ofen gebacken werden. In der Zwischenzeit die Frühlingszwiebel fein hacken und zusammen mit allen restlichen Zutaten vermengen. Den gebackenen Knoblauch aus der Knolle drücken und sehr fein hacken. Alles vermengen und den Dip mit Salz und Pfeffer abschmecken.

Schnell mal einen Käseball mit ein paar Crackern auf den Tisch gezaubert und tada! - die Gäste wollen nie wieder gehen.

TOMATEN-OLIVEN-KÄSEBALL

FÜR CA. 6 PORTIONEN

- 100 G GETROCKNETE TOMATEN
- 200 G MIT FRISCHKÄSE GEFÜLLTE GRÜNE OLIVEN
- 1 KNOBLAUCHZEHE
- 200 G FETA
- 300 G FRISCHKÄSE NATUR
- 4–5 BASILIKUMBLÄTTER
- SALZ UND PFEFFER NACH GESCHMACK

AUSSERDEM

- 30 G GETROCKNETE TOMATEN
- 1 EL OLIVEN
- 1–2 ZWEIGE GLATTE PETERSILIE
- CA. 100 G GEMAHLENE MANDELN

Alle Zutaten für den Käseball in den Mixer geben. Dabei darauf achten, dass die Tomaten und die Oliven ganz unten liegen. So lange mixen, bis eine geschmeidige Masse mit ein paar Stückchen entsteht. Dann die getrockneten Tomaten, die Oliven und die Petersilie in einem sauberen Mixer sehr fein mixen und die gemahlenen Mandeln auf einen flachen Teller geben. Mit leicht feuchten Händen aus der Käsecreme einen Ball formen und diesen zuerst in den Mandeln wälzen und danach in der Tomaten-Oliven-Masse. Den Ball auf einen Teller legen und zusammen mit Crackern, Chips oder Rohkost servieren. Eventuelle Reste kann man super als Brotaufstrich weiterverwenden.

Wer leckte als Kind nicht gerne die Reste aus der Schüssel, wenn Mutti backte. Hier nun die bauchschmerzfreie Variante unserer beliebten Klassiker.

COOKIE DOUGH DIP

FÜR CA. 6 PORTIONEN

- 120 G WEICHE BUTTER
- 50 G BRAUNER ZUCKER
- 1 PRISE SALZ
- 1 TL GEMAHLENE VANILLE
- 250 G FRISCHKÄSE NATUR
- 40 G PUDERZUCKER
- 150 G SCHOKOLADENTROPFEN

Alle Zutaten sollten Raumtemperatur haben. Zuerst Butter, Zucker und Salz schaumig aufschlagen. Dann alle anderen Zutaten bis auf die Schokoladentropfen hinzugeben und gut verrühren. Schokoladentropfen hinzufügen und nur noch unterheben. Bis zum Servieren im Kühlschrank lagern. Am besten mit Butterkeksen servieren.

BROWNIE DIP

FÜR CA. 6 PORTIONEN

- 200 G ZARTBITTERSCHOKOLADE
- 300 G FRISCHKÄSE NATUR
- 100 G QUARK (40 % Fett)
- 100 G BUTTER
- 100 G PUDERZUCKER
- 1 TL GEMAHLENE VANILLE
- 50 G SCHOKOLADENTROPFEN
- CA. 20 G SCHOKOLADENSPLITTER (Deko)

Zuerst die Zartbitterschokolade über einem Wasserbad schmelzen und abkühlen lassen. Danach den Frischkäse in einer Schüssel schaumig aufschlagen und alle anderen Zutaten dazugeben und gut verrühren. Schokoladensplitter darüberstreuen und bis zum Servieren im Kühlschrank lagern. Dazu passen Salzbrezeln, Butter- oder Tierkekse, Apfelschnitze oder Erdbeeren.

Egal, ob man Schokoriegel oder die beliebte italienische Süßigkeit lieber mag: Hier kommt kein Schleckermäulchen zu kurz.

ERDNUSS-SWIRL-DIP

FÜR CA. 6 PORTIONEN

- 100 G ZARTBITTERSCHOKOLADE
- 200 ML SAHNE
- 300 G FRISCHKÄSE NATUR
- 50 G SCHOKOLADENSTREUSEL
- 100 G ERDNUSSBUTTER *(cremig oder crunchy)*
- 50 G GESALZENE ERDNÜSSE

Zuerst die Zartbitterschokolade über einem Wasserbad schmelzen und abkühlen lassen. Sahne steif aufschlagen. Danach die Schokolade mit dem Frischkäse, der Sahne und den Schokoladenstreuseln mischen und beiseite stellen. Die Erdnussbutter und die Hälfte der Erdnüsse in einen Topf geben und so lange erwärmen, bis die Masse leicht flüssig wird. Nun die Erdnussbutter zum Frischkäse geben und mit einem Silikonspachtel nur ganz grob durchmischen. Dip sofort servieren oder für eine festere Konsistenz in den Kühlschrank stellen. Dazu passen Salzbrezeln, Waffel- oder Butterkekse.

CANNOLI-DIP

FÜR 4–5 PORTIONEN

- 250 G RICOTTA
- 200 G FRISCHKÄSE NATUR
- 125 G QUARK *(20 % Fett)*
- 50 G PUDERZUCKER
- ½ TL GEMAHLENE VANILLE
- SAFT UND SCHALE VON 1 BIO-ZITRONE
- 100 G SCHOKOLADENTROPFEN

Zuerst den Ricotta, den Frischkäse und den Quark mit einem Standrührgerät fluffig aufschlagen. Dann Puderzucker, Vanille, Zitronenschale und -saft hinzugeben und kräftig verrühren. Die Schokoladentropfen unterheben und mit Waffelkeksen und/oder zerbrochenen Eiswaffeln servieren.

Hachja…Beim Lagerfeuer sitzen und Marshmallows rösten… S'mores dürfen bei keinem Grillabend fehlen. Hier nun die Dip-Version!

CHOCOLATE S'MORES CHEESEBALL

FÜR CA. 6 PORTIONEN

- 100 G + 3 EL MARSHMALLOW-FLUFF
- 300 G FRISCHKÄSE NATUR
- 100 G ZARTBITTERSCHOKOLADE
- 1 EL BACKKAKAO
- 1 TL GEMAHLENE VANILLE
- 1 PRISE SALZ
- 150 G SCHOKOLADENRASPEL

Zuerst die 100 g Marshmallow-Fluff auf ein Stück Frischhaltefolie streichen, mit Folie bedecken und für mindestens 1 Stunde einfrieren. Danach den Frischkäse und die 3 EL Marshmallow-Fluff zusammen schaumig aufschlagen. Die Zartbitterschokolade in der Zwischenzeit über einem Wasserbad schmelzen und abkühlen lassen. Die Schokolade zusammen mit dem Kakao, der Vanille und dem Salz zur Frischkäsemasse geben und alles gut vermengen. Die gefrorene Marshmallowmasse nun mit der Hand in Stückchen reißen und zur Frischkäsemasse geben. Vorsichtig unterheben. Die Masse nun für ca. 1 Stunde kühl stellen. Danach eine Kugel daraus formen und in den Schokoladenraspeln wälzen. Entweder sofort mit Butterkeksen etc. servieren oder in Frischhaltefolie wickeln und im Kühlschrank lagern. Am besten 30 Minuten vor dem Servieren aus dem Kühlschrank holen.

Den Herbst in einem Dip einfangen? Kein Problem.

APPLE-PIE-STREUSEL-DIP

FÜR CA. 6–8 PORTIONEN

STREUSEL

200 G MEHL
120 G WEICHE BUTTER
100 G ZUCKER
1 PRISE SALZ

KOMPOTT

500 G ÄPFEL (ca. 4 Äpfel)
100 G BRAUNER ZUCKER
2 EL BUTTER
1 PRISE ZIMT
2 EL ZITRONENSAFT
1 TL GEMAHLENE VANILLE
1 PRISE SALZ

CREME

200 G SAHNE
2 EL PUDERZUCKER
300 G FRISCHKÄSE NATUR
100 G SCHMAND
1 TL GEMAHLENE VANILLE

Für die Streusel Mehl mit Butter, Zucker und Salz vermengen und ordentlich verkneten. Ofen auf 180 °C vorheizen. Den Teig in Streuseln auf ein mit Backpapier belegtes Backblech geben und ausbreiten. Die Streusel nun ca. 20 Minuten backen, bis die knusprig sind (zwischendurch immer mal wieder wenden). Abkühlen lassen.
In der Zwischenzeit die Äpfel schälen, entkernen und würfeln. Den Zucker mit der Butter in einem Topf zum Schmelzen bringen. Ist der Zucker bräunlich, die Äpfel hinzugeben und ca. 10–15 Minuten köcheln lassen. Zimt, Zitronensaft und Vanille unterheben und abkühlen lassen.
Nun die Sahne steif aufschlagen und den Puderzucker untermixen. Den Frischkäse und den Schmand cremig aufschlagen und die Sahne mit der Vanille zusammen unterheben. Die Frischkäsemasse nun in eine etwas tiefere Form geben und glattstreichen. Das Kompott darauf verteilen und die Streusel erst kurz vor dem Servieren darübergeben. Mit Butterkeksen zusammen servieren.

Die leckersten Pies gibt's nun auch als Dip. Überrascht? Nun, macht lieber gleich das doppelte Rezept. Sie sind ratzfatz weg. Versprochen.

BANANA CREAM PIE DIP

FÜR CA. 4 PORTIONEN

- ½ PK. VANILLEPUDDINGPULVER
- 1 EL ZUCKER
- 250 ML MILCH
- 1 ÜBERREIFE BANANE
- 300 ML SAHNE
- 20 G PUDERZUCKER
- 100 G VANILLEJOGHURT

Zuerst den Pudding kochen. Dafür das Puddingpulver zusammen mit dem Zucker in der Milch auflösen und aufkochen. Die Banane schälen und mit einer Gabel zerdrücken. Bananenpüree nun unter den Pudding heben. Abdecken, damit keine Haut entsteht, und abkühlen lassen. Ist der Pudding kalt, wird die Sahne mit dem Puderzucker aufgeschlagen und der Pudding zusammen mit dem Vanillejoghurt untergehoben. Im Kühlschrank aufbewahren und mit Vanillekeksen servieren.

LIME PIE DIP

FÜR CA. 4 PORTIONEN

- ½ PK. VANILLEPUDDINGPULVER
- 1 EL ZUCKER
- 250 ML MILCH
- 3 BIO-LIMETTEN
- 200 ML SAHNE
- 20 G PUDERZUCKER
- 100 G MASCARPONE

Zuerst den Pudding kochen. Dafür das Puddingpulver zusammen mit dem Zucker in der Milch auflösen und aufkochen. Die Zesten von 1 Limette unter den Pudding heben. Abdecken, damit keine Haut entsteht, und abkühlen lassen. Nun beide restlichen Limetten filetieren und die Filets in kleine Stücke schneiden. Ist der Pudding kalt, wird die Sahne mit dem Puderzucker aufgeschlagen und der Pudding zusammen mit dem Mascarpone untergehoben. Saft von 1 Limette und die Limettenstückchen hinzugeben und unterrühren. Im Kühlschrank aufbewahren und mit Waffelkeksen servieren.

Ihr braucht noch einen Dip fürs Frühstücksbrötchen? Kein Problem – auch damit kann ich dienen.

KARAMELL-NUSS-CREME

FÜR CA. 6 PORTIONEN

15 STÜCK TOFFIFEE
50 G BUTTER
50 G SAHNE

Toffifees sehr fein hacken. Alle Zutaten in einem Topf bei geringer Hitze zum Sieden bringen und so lange rühren, bis sich die Toffifee-Stücke aufgelöst haben. Ständig rühren! Die Creme noch heiß in ein steriles Glas abfüllen. Gekühlt aufbewahren; kalt ist sie streichfähig.

AHORNCREME

FÜR CA. 4 PORTIONEN

150 ML AHORNSIRUP
1 ZIMTSTANGE
100 G BUTTER

Ahornsirup zusammen mit der Zimtstange in einen Topf geben und bei mittlerer Hitze zum Kochen bringen. Unter ständigem Rühren auf 120 °C erhitzen (mit einem Zuckerthermometer kontrollieren); das dauert etwa 10–15 Minuten. Topf vom Herd nehmen, Zimtstange herausnehmen und Butter in kleinen Würfeln vorsichtig zum Sirup geben. Die Masse nun sofort in eine hohe Schüssel geben und mit dem Flachrührer in einem Standmixer so lange aufschlagen, bis die Masse eingedickt ist und eine fluffige Creme bildet; das dauert etwa 8–10 Minuten (nicht aufgeben, es wird schon noch!). Kühl lagern (aber nicht im Kühlschrank!); die Creme ist nur bei Raumtemperatur streichfähig.

Zimt? Zimt!

CINNAMON SWIRL DIP MIT COOKIES

FÜR CA. 4 PORTIONEN

COOKIES

120 G BUTTER
100 G ZUCKER
1 EI
½ TL VANILLEPULVER
1 PRISE SALZ
300 G MEHL

FÜLLUNG

1 EIWEISS
3 EL ZUCKER
3 TL ZIMT

DIP

250 G MASCARPONE
150 G FRISCHKÄSE NATUR
50 G PUDERZUCKER

SWIRL

2 TL ZIMT
2 TL ZUCKER
2–3 TL MANDELMUS
EVTL. 1 TL MANDELÖL

Zuerst die Cookies zubereiten. Dafür alle Zutaten für den Teig zu einer glatten Kugel verkneten und auf ca. 30 × 30 cm ausrollen. Dann mit etwas Eiweiß bestreichen und Zimt und Zucker mischen. Den Teig mit der Mischung bestreuen und fest von einer Seite her aufrollen. Die Rolle in Frischhaltefolie wickeln und ca. 1 Stunde in den Kühlschrank legen. Danach in ca. ½ cm dicke Scheiben schneiden und auf ein Backblech legen. Bei 175 °C ca. 10 Minuten backen. Auskühlen lassen und in der Zwischenzeit den Dip herstellen. Dafür den Mascarpone, den Frischkäse und den Puderzucker kräftig verrühren. Zimt, Zucker und Mandelmus verrühren und eventuell noch etwas Mandelöl hinzugeben. Nun die Swirl-Mischung auf die Mascarponemasse geben und mit einem Messer einige Male vermengen und umfalten, damit eine Art Strudel entsteht. Dip in ein Schälchen geben und mit den Cookies zusammen servieren.

Last but not least: Die fruchtigsten Dips dieses Buchs. Was darf es sein: herrlich knackige Blaubeeren oder cremige Erdbeeren?

ERDBEER-WEISSE-SCHOKOLADE-DIP

FÜR CA. 4–5 PORTIONEN

300 G FRISCHE ERDBEEREN
30 G PUDERZUCKER
1 TL GEMAHLENE VANILLE
300 G FRISCHKÄSE NATUR
200 G SKYR
100 G WEISSE SCHOKOLADE

Die Erdbeeren waschen, putzen und trocken tupfen. Danach die Hälfte der Erdbeeren mit dem Puderzucker und der Vanille mit einem Kartoffelstampfer zerstampfen und mit dem Frischkäse und dem Skyr vermengen. Die andere Hälfte der Erdbeeren klein schneiden und unter die Milchprodukte heben. Die Schokolade über einem Wasserbad schmelzen und unter den Dip rühren. Schmeckt hervorragend zu allerlei Arten von Keksen.

BLAUBEER-SALSA

FÜR CA. 4 PORTIONEN

50 G ZUCKER
30 ML WASSER
350 G FRISCHE BLAUBEEREN
1 ZWEIG MINZE
½ TL GEMAHLENE VANILLE
SAFT UND SCHALE VON 1 BIO-ZITRONE

Zuerst den Zucker und das Wasser in einem kleinen Topf kräftig aufkochen, 10 Minuten köcheln und dann abkühlen lassen. Die Blaubeeren waschen und schlechte aussortieren. Die Blaubeeren nun grob hacken und in eine Schüssel geben. Mit dem Zuckersirup übergießen und vermengen. Anschließend die Minze fein hacken und zusammen mit der Vanille sowie den Zesten und dem Saft der Zitrone mit den Blaubeeren vermengen. Die Blaubeersalsa im Kühlschrank mindestens 1 Stunde durchziehen lassen und mit Butterkeksen servieren.

REGISTER